CHARLES SIMIAN

FRANÇOIS DE NEUFCHATEAU

ET LES EXPOSITIONS

PARIS

AUGUSTE GHIO, ÉDITEUR

PALAIS-ROYAL, 1, 3, 5 ET 7, GALERIE D'ORLÉANS

1889

FRANÇOIS DE NEUFCHATEAU

ET LES EXPOSITIONS

PARIS. — IMPRIMERIE CHAIX, 20, RUE BERGÈRE.

CHARLES SIMIAN

FRANÇOIS DE NEUFCHATEAU

ET LES EXPOSITIONS

PARIS

AUGUSTE GHIO, ÉDITEUR

PALAIS-ROYAL, 1, 3, 5 ET 7, GALERIE D'ORLÉANS

1889

M.ᵉ François de Neufchateau

FRANÇOIS DE NEUFCHATEAU

ET LES EXPOSITIONS

I

Celui qui, du haut de la tour Eiffel, abaisse un regard ébloui sur cette enceinte immense où l'Exposition du Centenaire étale tant de merveilles, peut se figurer ce qu'étaient Paris et le Champ de Mars lorsque, le 17 septembre 1798, François de Neufchâteau y vint inaugurer la première Exposition industrielle et prononça son discours d'ouverture sur un tertre converti en tribune. L'unique édifice, décoré du nom de Temple de l'Industrie, n'était pas terminé. Il s'élevait au milieu d'un carré long, entouré d'un portique formé par soixante-huit arcades destinées à recevoir les plus beaux produits des fabriques françaises. Il y eut cent dix exposants.

C'est l'œuf d'où est sorti le prodige actuel. C'est l'embryon d'une institution qui n'a cessé de grandir au milieu des conquêtes du génie industriel, dans un monde nouveau, issu de la Révolution française. Chaque Exposition a marqué une étape sur la route sans fin du progrès. « Depuis la fondation de ces mémorables concours, disait déjà en 1839 le baron Thénard, ils ont subi tout à la fois l'épreuve du temps et l'épreuve plus difficile encore des révolutions politiques. Le Consulat les reçut du Directoire, pour les léguer à l'Empire, qui les transmit à la Restauration. Le Gouvernement de Juillet les adopta comme une institution nationale. » Un ministre de la seconde République, Thouret, en 1849, proposa un grand concours auquel seraient admis tous les producteurs du globe. Ce vaste plan fut discuté et trouva aussitôt un écho à Londres. Toutes les contrées, non seulement d'Europe, mais de toutes les parties du monde y furent appelées[1]. C'est donc à l'Angleterre que revient l'honneur d'avoir la première ouvert, en 1851, une Exposition universelle; mais c'est à la France que l'inspiration conciliatrice en appartient.

1. Londres, 1851. Du 1er mai au 11 octobre.

Dans les constructions spéciales édifiées à Hyde-Park, sur une superficie de 93,000 mètres carrés couverts et de 2,800 mètres carrés non couverts. Les dépenses de l'installation s'élevèrent à 5,832,644 francs. On compta 17,000 exposants (environ). Il leur fut distribué — 5,186 récompenses — divisées en simples médailles de bronze et en mentions honorables. Les prix d'entrée variaient selon les jours.

Paris, 1855. Du 1er mai au 31 novembre.

Première Exposition universelle en France. Dans le Palais de l'Industrie et ses annexes, sur l'emplacement du Carré des Jeux, aux Champs-Élysées. Superficie totale occupée : 152,052 mètres carrés dont 18,726 mètres non couverts et 100,000 mètres couverts, spécialement affectés au placement des produits. Dans l'ancienne avenue Marbeuf 17,639 mètres reçurent les œuvres d'art de 2,175 exposants. Le nombre des exposants agriculteurs et industriels s'éleva à 21,779, comportant 22,243 expositions différentes, dont la valeur était estimée à environ 75,000,000 de francs. La distribution de 10,564 récompenses de toute nature se fit avec un éclat jusque-là inconnu, dans la nef centrale du Palais, le 15 novembre.

Les dépenses atteignirent 11,336,522 francs et ne furent couvertes qu'en partie par les droits d'entrée prélevés sur 5,162,330 visiteurs.

La moyenne du nombre des entrées n'atteignait donc pas 25,000 par jour.

II.

Les expositions universelles sont les sommaires illustrés des œuvres complètes de l'industrie humaine.

Elles en présentent le merveilleux tableau, elles en donnent la dernière expression.

Pour les producteurs comme pour les consommateurs, il n'y a pas d'encouragement plus instructif, d'indications plus sûres, d'enquête plus digne de foi. C'est l'école mutuelle des arts du monde entier.

A quelque branche d'économie politique qu'on se rattache, il n'est plus possible de s'isoler; les ermites de l'industrie n'existent plus. Artistes, savants, manufacturiers, producteurs, commerçants, tous sont forcément cosmopolites. Parmi cette foule pressée, de relations qui se croisent à travers l'espace, à des distances inouïes où les pensées s'échangent et que déjà la voix humaine peut franchir, tous sont entraînés non à se confondre dans une communauté chimérique, mais à se mêler, à se connaître, à s'apprécier, en dépit des rivalités de peuple à peuple, et même à cause de ces rivalités. — Il est bon que leurs forces se mesurent, se pondèrent, en donnant aux esprits inventifs un point central d'émulation.

Les intérêts divers et opposés se coudoient chaque jour sur les principales places du globe; ils se rencontrent aussi utilement dans ces congrès périodiques qui mettent en contact toutes les valeurs, rendent les transactions plus faciles, les contractants plus actifs, et invitent les uns et les autres à une confiance réciproquement justifiée.

L'institution des expositions de l'industrie est un fait social qui diffère des anciennes coutumes. On fouillerait en vain dans la poussière du passé, on n'y trouverait que des analogies lointaines.

Les foires du moyen âge furent, en un
certain sens, quelque chose comme des expositions; — mais des expositions seulement mercantiles, des déballages de colpor-
teurs, des marchés forains tenus à des
époques déterminées.

III

Les entraves de tout genre mises à la circulation par les barrières féodales, les privilèges, l'état d'hostilité des châtelains entre eux, le peu de sûreté des routes, forçaient les marchands à suivre leur marchandise. Ils voyageaient en troupes, en caravanes, escortés d'hommes armés. Ces escortes coûtaient fort cher, et il en coûtait davantage encore pour les redevances exigées par les princes et seigneurs qui imposaient des taxes arbitraires et pillaient les caravanes sur le moindre prétexte.

Quand les voyageurs en avaient fini avec les grands, ils étaient souvent obligés de subir les extorsions des moindres vassaux.

Pour adoucir ces mœurs féroces, les marchands conduisaient avec eux des charlatans, saltimbanques, bateleurs, jongleurs, baladins, et « des singes ou autres bêtes curieuses. »

Toutes ces foires ouvraient aux jours des fêtes patronales et convoquaient en foule chalands et badauds, attirés par les besoins ou la curiosité. Les bourgeois des cités voisines s'y pourvoyaient, les oisifs venaient s'y distraire; le fisc y percevait ses droits.

Plusieurs villes du nord de l'Europe exigeaient des marchands faisant route sur leur territoire qu'ils exhibassent leurs marchandises, parmi lesquelles chacun pouvait choisir et acheter, au prix fixé, les objets à sa convenance.

Venise, sortie à peine de ses lagunes, avant de couvrir la Méditerranée de ses pavillons et d'ouvrir une route nouvelle aux richesses de l'Inde, par Alexandrie et Suez, commença à étendre ses relations sur les deux côtes de l'Adriatique[1]. Elle portait de

1. *Ricerche storico-critiche sull' oportunità della laguna Veneta pel commercio*, del conte Jacopo Filiari.

l'une à l'autre des grains, des bestiaux, du chanvre, de l'huile, des laines, des draps, des toiles, des cordages, des eunuques et des esclaves, et même des amulettes et des reliques pour protéger son commerce et bénir ses transactions. Vers la fin du xie siècle, Venise, pour faciliter ces échanges, établit de grandes foires, comme il y en avait déjà à Rome et à Pavie. Des immunités, des franchises, des spectacles, invitaient la foule à ces concours. Les Vénitiens ne se contentèrent pas d'instituer leurs foires en l'honneur de saint Marc, leur patron et de plusieurs autres saints; quand on élisait le doge, toutes les boutiques étaient magnifiquement décorées et présentaient l'aspect d'une véritable exposition publique. Les bijoutiers, qui étaient alors les plus riches de toute l'Italie, les fabricants dont l'industrie offrait aux princes de l'Europe les tissus précieux, les velours, les ouvrages de verrerie, mettaient en montre leurs fastueux étalages dans les rues pavoisées comme les galères de la flotte, et, après avoir fait faire

1.

le tour de la place Saint-Marc à l'élu, porté en triomphe sur la chaise ducale par les marins-ouvriers de l'arsenal, qui avaient seuls ce privilège, on achetait par les rues, sur le passage du cortège, ce qu'il y avait de plus remarquable et la Seigneurie faisait largesse aux marchands.

Du XIe au XVIe siècle, les foires ne cessèrent de se multiplier. Nous ne les énumérerons pas. On sait quelle importance eurent celles de Champagne, celles de Beaucaire, de Lyon, et les plus célèbres à Paris, les anciennes foires de Saint-Germain et de Saint-Laurent. Cette dernière, qui se tenait au faubourg Saint-Denis, sur un terrain où les Lazaristes firent bâtir des loges dans une enceinte de cinq arpents, ombragée de beaux arbres, qui offraient une promenade pittoresque, était ouverte avec une certaine solennité par M. le Lieutenant-général de police.

IV

On s'est demandé si l'antiquité avait eu quelque institution de ce genre. — Il est souvent question de marchés publics à Athènes, où l'on apportait des produits de toute espèce et de toutes contrées. On y montrait les échantillons des cargaisons qui arrivaient au Pirée. Ces sortes d'expositions étaient, comme celles qui pendant les deux derniers siècles avaient lieu à Lorient, dans les magasins de la Compagnie des Indes : un dépôt de types.

Les anciens eurent aussi de grandes exhibitions de luxe. Athénée rapporte la description d'une fête, donnée à Alexandrie un siècle avant notre ère, par Ptolémée-Philométor, qui y déploya toutes les somptuosités de l'Égypte. C'étaient des vases précieux, des meubles et des étoffes magnifiques en quantités prodigieuses.

Mais ces marchés opulents, ces amas de richesses inestimables, n'avaient rien de commun avec nos Expositions actuelles. L'idée d'un libéral concours ne pouvait pas naître dans des siècles où les arts utiles n'étaient exercés que par des esclaves.

C'est par un troupeau d'esclaves que Nicias d'Athènes faisait exploiter ses mines, et Crassus, à Rome, entraînait jusqu'à cinq cents esclaves architectes, maçons, charpentiers, et les louait à ceux qui voulaient bâtir. Le même Crassus, gros entrepreneur, tenait en outre un grand assortiment d'esclaves orfèvres, argentiers, ciseleurs, cuisiniers, tous au service de ses contemporains, moyennant finance. — L'unique ambition de ces esclaves était de former leur pécule, pour acheter la liberté que l'on consentait à leur vendre, quand ils ne pouvaient plus travailler.

V

En France, sous l'ancien régime, l'industrie était-elle moins assujettie ? — Les règlements qui avaient été un bienfait du temps de saint Louis et qui, pendant des siècles, avaient si puissamment contribué à l'amélioration du sort des travailleurs et à la richesse du pays, dégénérés depuis longtemps en charges écrasantes et en révoltants abus, mettaient les plus lourdes entraves à l'essor de toute industrie soumise aux Corporations. Il faut remonter à Henri IV pour rencontrer quelques encouragements donnés à l'industrie manufacturière, par la volonté du roi, et à l'industrie agricole, par Sully. Avec Colbert, les manufactures se raniment, ont la vie assurée et des débouchés ouverts par la marine;

mais l'Edit de 1673, en étendant les règlements avec sévérité dans toutes les villes et jusqu'aux moindres bourgs du royaume, força tous les artisans qui avaient pu encore jusque-là exercer plus ou moins difficilement diverses professions, à se constituer partout en communautés et à se soumettre à leur juridiction spéciale.

Tout était prescrit, réglé, et aucune transaction ne pouvait s'opérer, aucun achat se conclure, même pour les besoins les plus urgents de la vie, sans qu'on appelât un juré qui avait acheté le privilège exclusif d'auner, de mesurer ou de peser la marchandise[1].

Les maîtrises n'étaient accessibles qu'à prix d'argent et à des conditions tyranniques, suivant des statuts dictés par le plus grand intérêt des maîtres de chaque communauté[2]; les étrangers en étaient exclus, et il faut entendre par étrangers ceux qui étaient nés dans une autre ville.

1. Voyez M. Raynouard. *Traité des brevets d'invention.*
2. Voyez *Préambule de l'Édit de 1776.*

Il suffisait d'être marié pour être forclos de l'apprentissage et par conséquent de la maîtrise. On n'admettait guère que les fils des maîtres, et l'esprit de monopole était poussé jusqu'à interdire aux femmes les métiers les plus convenables à leur sexe, tels que la broderie qu'elles ne pouvaient exercer pour leur propre compte.

Les conflits entre professions voisines ou ayant entre elles des analogies amenaient de fréquentes contraventions. Les menuisiers rabotaient et ajustaient leurs planches, mais ils ne pouvaient construire, et la limite de grosseur des bois fixait le point où commençaient les droits des charpentiers. Ceux-ci filaient le lin et ne devaient point filer la laine. Ceux-là fabriquaient de la chandelle de suif et il leur était défendu de toucher à la cire; aux uns il était prescrit de commencer leurs ventes dès huit heures du matin; d'autres n'étaient autorisés à vendre qu'à partir de neuf heures.

Dans certains métiers la ligne de démarcation n'était pas facile à maintenir. Il n'était guère plus aisé d'attribuer toujours équitablement, à chacun, la responsabilité des fautes commises. Afin de se mettre en garde contre les fraudes des marchands, on imposa des épreuves aux marchandises, les ouvriers furent tenus de signer leurs ouvrages, les tonneliers paraphèrent leurs tonneaux [1]. Les moindres infractions entraînaient des amendes dont une part allait au trésor royal et le reste à la communauté. On conçoit quelle maltôte découla de ces règlements. Une véritable aristocratie de maîtres et de syndics prolongeait à son profit la durée des apprentissages. Tel ouvrier, qui avait travaillé plusieurs années dans une ville, n'était pas admis dans une autre sans y recommencer son état d'apprenti. Enfin, pour obtenir la maîtrise, il fallait payer un droit royal, un droit d'enregistrement, un droit de réception, un droit pour le doyen, un droit pour les jurés, un droit pour le clerc et des honoraires pour l'huissier de la corporation.

1. Blanqui aîné.

En outre, les communautés levaient,
pour les frais de procès, des taxes dont « la
répartition n'était pas toujours faite avec
justice, et les percevaient avec une rigueur
désespérante pour ceux qui avaient de la
peine à trouver dans leur travail des
moyens d'existence[1]. »

1. Costaz.

VI

L'ouvrier des champs n'était pas moins asservi que celui des villes. L'habitant des campagnes souffrait doublement. Contraint de se procurer les produits dont il avait besoin aux conditions du monopole des marchands, il était forcé de vendre ses propres produits aux prix débattus par la concurrence.

Il supportait en outre les plus lourdes charges, rançonné par toutes sortes d'impôts : tailles, capitations, corvées, aides, gabelles, etc.

Turgot posait un principe aussi nouveau que contesté en proposant au roi l'abolition complète des Jurandes et Maîtrises, et en déclarant que « *le droit de travailler est la propriété de l'homme, la première, la plus sacrée, la plus imprescriptible de toutes. »*

D'autres soutinrent qu'il fallait réformer, améliorer, mais non détruire, alléguant que les arts et métiers n'existaient que par des précautions salutaires, fruits de l'expérience ; que leurs communautés étaient autant de petites républiques qui, loin d'être nuisibles au commerce, en étaient l'âme et le soutien ; que, sans elles, chaque fabricant se trouvant isolé, il n'y aurait plus ni poids ni mesure, la soif du gain animerait seule tous les ateliers ; que cette foule d'artisans de toutes professions, dont les branches du commerce se trouveraient surchargées, ne gagneraient plus de quoi subsister ; que le bénéfice trop partagé empêcherait les uns et les autres de se soutenir, et que la diminution du gain entraînerait une foule de faillites. « La France » perdrait une source de richesses que ses » rivaux cherchent à détourner ; ils n'y » réussissent que trop souvent, et déjà, plus » d'une fois, nos voisins se sont enrichis

» de nos pertes. Le mal ne peut qu'aug-
» menter encore [1], etc. »

Mais toute l'éloquence de Séguier ne put sauver une institution condamnée à périr. Le roi séant en son lit de justice, l'édit fut enregistré au greffe de son Parlement.

De 1776 à 1791, on ne cessa de s'occuper des communautés d'arts et métiers. Abolies, rétablies aussitôt sur des bases plus libérales, elles voulurent se retremper et puiser des forces nouvelles dans des sentiments de patriotisme. A la nouvelle des revers subis par l'une de nos plus belles flottes, en 1782 [2], les six corps des marchands et les communautés d'arts et métiers de la ville de Paris offrent au roi quinze cent mille livres pour la construction d'un vaisseau, le commerce de Bordeaux offre également quinze cent mille livres pour un autre vaisseau de guerre et cent mille en faveur des veuves et orphelins des gens de

---

1. Voir le discours de Séguier, après la lecture de l'édit.
2. Le 12 août 1782, l'amiral de Grasse perd la bataille navale de la Dominique.

mer ; les États de Bourgogne, Lyon et Marseille, suivent ce généreux exemple et font
des offres semblables. C'était un regain de
ce temps où les caisses des Corporations ser-
vaient d'appui au Trésor public ; — et où
l'extension de leurs privilèges était le prix
de leurs services.

Cette fois le sacrifice était l'effort de
l'agonie.

Les communautés n'avaient plus que peu
de temps à vivre. 89 approchait. La nuit
fameuse du 4 août détruisit du même coup
l'organisation féodale et l'organisation industrielle. L'Assemblée constituante vota la
réformation des jurandes et maîtrises, et,
en 1791, elles furent définitivement abolies.

VII

L'émancipation des arts utiles a engendré une multitude de découvertes et de perfectionnements.

La Révolution avait supprimé les consommateurs des arts élégants. Le luxe avait disparu ; les mœurs, les coutumes, les costumes même éprouvaient un changement universel. L'habit de cour était remplacé par la carmagnole et le chapeau français par le bonnet de l'affranchi. Dés villes manufacturières telles que Lyon, où florissaient naguère les arts et la production des articles de luxe, étaient en proie aux plus affreux malheurs. Les ateliers vides, les chefs de fabrique ruinés, artistes et ouvriers dont les professions s'adressant à des usages proscrits étaient brisées, cherchaient à travailler pour vivre. Forcés d'appliquer leur intelligence et leurs talents à la fabrication d'articles usuels, ils apportèrent dans leur tâche une supériorité qui fit promptement éclore de notables progrès. Là est sans doute l'une des principales causes de ce goût sans égal avec lequel, en France, l'industrie touche à l'art, et fait souvent de vrais artistes de ses plus modestes ouvriers.

Il y a parmi nous une certaine aristocratie qui n'abdique pas; c'est celle du goût. La France a le génie de l'élégance, elle envoie aux quatre bouts du monde des œuvres d'un fini incomparable. Elle s'inquiète moins des produits communs, des choses simplement nécessaires à l'usage; lorsqu'elle y touche, c'est pour les métamorphoser et faire mieux. L'aristocratique Angleterre, au contraire, voit d'abord le côté pratique; elle travaille pour les basses classes, elle les loge, elle les habille, elle les meuble à plus bas prix [1]. Elle nous précéda sur ce terrain, mais nous la battions sur le nôtre. L'arbre

[1]. M. A. de Vallon.

encyclopédique de Bacon, avec ses trois grandes branches méthodiques modifiées selon les besoins du temps, transplanté, élagué, par Diderot, d'Alembert et leurs collaborateurs, indiquait les routes à suivre dans les recherches, et au lieu d'ombre répandait la lumière sur le chemin des hommes studieux, qui trouvaient là des classifications et des notions suffisantes.

La technologie, presque ignorée quand les encyclopédistes en tracèrent les premières ébauches, fut étudiée et mise en honneur. Des hommes éminents ne dédaignaient plus de s'en occuper. La science, descendant des hauteurs auxquelles elle était parvenue, se rendait accessible à tous, et ouvrait aux études le champ le plus vaste et le plus varié. On commençait à comprendre combien elle méritait d'être cultivée pour les fruits qu'elle devait produire. Les institutions elles-mêmes cherchaient à favoriser tant d'efforts. La loi voulait que « les jeunes gens ne pussent être inscrits au registre civique, s'ils ne savaient lire, écrire et EXERCER UNE PROFESSION MÉCANIQUE. » (Constitution de l'an II tit. II, art. 12.)

Il fallait des armes nouvelles, des moyens d'exécution nouveaux, des outils appropriés à l'œuvre. C'eût été ne saisir le problème social et la question industrielle qu'à demi, si, après avoir conçu tant de projets hardis, tant d'innovations ingénieuses et entrevu tant de progrès, on ne les eût rendus réalisables en multipliant, par la mécanique, les forces et la précision nécessaires à une tâche que les mains seules de l'homme étaient impuissantes à accomplir. Le travail de l'ouvrier mécanicien se transformait et devenait un travail intellectuel. La science des arts mécaniques fut dès lors la mère d'une foule d'inventions. L'alliance des connaissances théoriques et du savoir pratique ne tarda pas d'amener un grand nombre de découvertes et d'améliorations.

Nos institutions politiques érigèrent l'émulation en principe de gouvernement. Les barrières étaient abattues, les concurrences stimulées et, lorsque la Convention établit la *Commission des arts* pour rechercher tous les objets utiles à l'industrie, les collections que cette Commission réunit, jointes à celle qui avait été léguée par Vaucanson, donnèrent naissance au Conservatoire des arts et métiers. Les modèles, les plans, les dessins des machines, appareils, instruments employés aux travaux de l'agriculture et des fabriques, devinrent le plus sûr enseignement et la plus claire des démonstrations pour ceux qui se vouaient aux arts mécaniques. L'outil fait penser à l'œuvre. — De la vue de ces collections d'instruments du travail, à l'idée d'exposer leurs produits, il n'y avait qu'un pas. Il suffisait d'ailleurs d'étendre aux arts industriels la faveur dont les beaux-arts jouissaient déjà.

Leur première Exposition avait eu lieu en 1699. Jusque-là on n'avait montré au public que les tableaux des élèves qui avaient concouru pour le grand prix de Rome, depuis que l'École des beaux-arts, fondée en 1648, sous le nom d'*Académie royale de peinture et de sculpture*, avait obtenu la création de *l'Académie de France* à Rome, en 1666.

On ne saurait, à vrai dire, considérer ces exhibitions, ni celles que l'Académie de Saint-Luc faisait le jour de l'Ascension, à la place Dauphine, comme des expositions des beaux-arts.

C'est Mansard, surintendant et ordonnateur des bâtiments royaux, qui proposa à Louis XIV de réunir dans la galerie du Louvre, en construction, tous les tableaux et statues, œuvres des membres de l'Académie de peinture et de sculpture, en y joignant les modèles ou autres objets inventés par les membres de l'Académie des sciences. On prit sur la galerie une partie de 115 toises de longueur qui fut décorée de riches tapisseries et reçut les ouvrages les plus remarquables. Une seconde exposition eut lieu en 1704, à l'occasion de la naissance du duc de Bretagne, l'aîné des fils de Louis XIV ; une troisième en 1727. De 1737 à 1751, les expositions se succédèrent régulièrement chaque année. A partir de 1751, elles furent réduites aux années impaires. En 1791, après l'abolition des privilèges, le Salon compta 800 ouvrages. Le nombre des exposants s'accrut d'année en année.

En 1798, l'entrée triomphale des *Monuments des sciences et des arts, et de tous les chefs-d'œuvre* conquis en Italie fut une véritable Exposition ambulante. Ces fêtes épiques, d'une imposante solennité, furent célébrées le 9 et le 10 thermidor de l'an VI (27 et 28 juillet). Les quatre commissaires chargés de présenter ces merveilleux trophées étaient André Thouin, Moitte, Tinet et Barthélemy.

Au Champ de Mars, en recevant de leurs mains la liste de ces trésors du génie, de ces ouvrages inimitables qui commandent l'admiration des siècles, François de Neufchâteau, ministre de l'intérieur, répondit aux commissaires :

— « Le premier sentiment qu'une si nombreuse et si riche réunion de chefs-d'œuvre inspire à tous les cœurs, est celui

de la gratitude envers les généreuses armées
de la République. La grande nation revoit
avec enthousiasme, dans cette pompe sans
exemple, l'histoire non moins étonnante
des triomphes de ses enfants. Le premier
usage que fait la République de ce grand
amas de trophées, c'est d'en composer un
autel à la reconnaissance.

» Sans doute, il faut rendre honneur à
ce buste du fondateur de la liberté chez les
Romains, honneur à l'Apollon dont la di-
vine flamme anime le génie des arts, mais
notre attention doit surtout se porter sur
les conquêtes agricoles qui répandent l'aisance, qui promettent les jouissances aux
pauvres et aux ouvriers, qui donnent le
bonheur au fond des chaumières, qui font
circuler la vie dans tous les ateliers et qui
fondent enfin la durée des États sur la
seule base réelle : sur l'opulence des campagnes. »

François de Neufchâteau poursuit ainsi
son idée sociale, l'union de tous les arts
pour la prospérité des peuples. Ici est le

premier germe des Expositions futures. Le tableau qu'il trace d'une main complaisante est présenté dans un cadre d'or d'un style un peu trop orné ; mais quel spectacle plus grandiose que celui de ces œuvres immortelles ? l'Apollon, le Laocoon, les plus belles toiles de Raphaël et du Corrège, de Michel-Ange, du Guerchin, du Titien, de Paul Véronèse, de l'Albane, des Carraches, de Léonard de Vinci, etc.! des gravures, des dessins, des collections de marbres et de pierres précieuses, les richesses de l'histoire naturelle dans les trois règnes, l'herbier de Haller, celui d'Aldovrandi, plus de cinq cents manuscrits, trois cents statues et tableaux, sept grands portefeuilles et quatre-vingt-trois volumes d'estampes provenant du cabinet du stathouder, et les cartons de l'École d'Athènes.

Voilà les dépouilles opimes que les armées d'Italie avaient rapportées dans le traité de Campo-Formio « et les deux plus belles parties de l'Europe jadis si célèbres par les arts, les sciences et les grands hommes dont elles furent le berceau, voyaient avec les plus grandes espérances le génie de la liberté sortir du tombeau de leurs ancêtres ! » Bonaparte l'avait dit [1].

Le Directoire voulut célébrer par des fêtes splendides l'anniversaire de la République. On fut unanime sur la résolution de ne pas se borner à des réjouissances populaires. On proposait des courses de chars, des jeux olympiques, des festins publics, des danses grecques, des hymnes homériques, des marches triomphales déployant la magnificence des antiquités romaines, d'autres voulaient du nouveau. On venait d'admirer les plus beaux ouvrages de sculpture et de peinture, François de Neufchâteau, l'homme de tous les arts, proposa une Exposition publique des produits de l'industrie. « Pourrait-on fêter plus dignement, dit-il, l'anniversaire d'une Révolution qui avait proclamé la liberté du travail et ouvert des voies nouvelles au génie de l'homme ? »

1. Discours de Bonaparte, 20 frimaire an VI (10 décembre 1797).

Le 9 fructidor, une circulaire du ministre de l'intérieur annonçait aux administrations centrales des départements et aux commissaires du Directoire exécutif la première exposition des produits de l'industrie française. François de Neufchâteau en expliquait ainsi le but :

« Au moment où l'anniversaire de la fondation de la République... va rappeler à tous les Français les grands événements qui la préparèrent, et les triomphes qui l'ont affermie, pourrions-nous oublier dans ce témoignage de notre reconnaissance les arts utiles qui contribuent si puissamment à sa prospérité? Ces arts qui nourrissent l'homme, qui fournissent à tous ses besoins, qui ajoutent à ses facultés naturelles par l'invention et l'emploi des machines, sont à la fois le lien de la société, l'âme de l'agriculture et du commerce, la source la plus féconde de nos jouissances et de nos richesses ; — ils furent longtemps oubliés et même avilis. C'est à la liberté de les venger, etc. »

En effet, on n'avait exposé encore que

le produit des arts dits libéraux pour les distinguer des arts utiles exercés dans la servitude. — Il appartenait à la civilisation moderne de les affranchir et de rendre tous les arts également libéraux. Aujourd'hui, l'ouvrier et l'artiste, tous deux estimés dans le rang que leur assigne leur talent ou le génie, avec la seule différence qui découle de la valeur réelle ou du mérite de leurs œuvres, ont droit aux mêmes récompenses, et obtiennent les mêmes honneurs.

« Cette fête, disait François de Neufchâteau, dans sa circulaire, se renouvellera toutes les années, et chaque fois, elle doit acquérir plus d'ensemble et plus de majesté. »

En quelques jours des bâtiments sortirent de terre, comme par féerie.

L'ouverture de l'Exposition eut lieu le primidi des cinq jours complémentaires de l'an VI.

IX

A dix heures du matin[1], le ministre de l'Intérieur se rendit à la maison du Champ de Mars et de là à l'Exposition par le milieu du Cirque. Cette marche était réglée comme suit :

1° L'école des trompettes; — 2° un détachement de cavalerie; — 3° les deux premiers pelotons d'appariteurs; — 4° les tambours; — 5° musique militaire à pied; — 6° un peloton d'infanterie; — 7° les hérauts; — 8° le régulateur de la fête; — 9° les artistes inscrits pour l'Exposition; — 10° le jury, composé des citoyens : Darcet, membre de l'Institut; Molard, membre du Conservatoire des *arts et métiers;* Chaptal, de

1. *Moniteur* du 1er brumaire, an VII.

l'Institut national; Gillet-Laumont, du Conseil des mines; Duquesnoy, de la Société d'agriculture du département de la Seine; Moitte, sculpteur, membre de l'Institut national; Ferdinand Berthoud, horloger; Gallois, homme de lettres, associé à l'Institut national; — 11° le Bureau central; — 12° le ministre de l'Intérieur, M. François de Neufchâteau; — 13° un peloton d'infanterie.

Le cortège fit le tour de l'enceinte réservée pour l'Exposition, puis le ministre prononça un discours qui commençait ainsi:

« Citoyens,

» Ils ne sont plus les temps malheureux
» où l'industrie enchaînée osait à peine
» produire le fruit de ses méditations et de
» ses recherches, où des règlements désas-
» treux, des corporations privilégiées, des
» entraves frivoles étouffaient les germes
» précieux du génie; où les arts, devenus
» en même temps les instruments et les
» victimes du despotisme, etc. »

Après un exorde taillé dans les formes glorieuses, selon la mode du temps, l'orateur traita de l'importance réelle des arts industriels, les relevant de l'abaissement où ils avaient si longtemps rampé sous d'anciens préjugés à jamais détruits; il parla des professions mécaniques dignes de tous les encouragements, et termina en exprimant le regret que le trop court intervalle qui venait de s'écouler entre l'annonce de cette première Exposition et son ouverture n'eût pas permis aux départements éloignés d'y venir prendre part.

Les exposants étaient, nous l'avons dit, au nombre de cent dix — 110.

L'Exposition dura trois jours pleins; le cinquième jour (quintidi) complémentaire de l'an VI correspondant au vendredi, 21 septembre 1798, de l'ère vulgaire, le jury fit son rapport et désigna les douze concurrents dont les produits furent jugés les plus remarquables. — Les choix s'arrêtèrent sur :

MM.

Breguet. — Horlogerie, à Paris. — *Nouvel échappement libre et à force constante, réglant la montre. — Chronomètre musical.*

Lenoir. — Instruments de mathématiques, à Paris.

Didot et Herhan. — Typographie à Paris. — *(Pour l'édition de Virgile.)*

Clouet. — Fabrication d'acier, à Paris. — *Fer converti en acier par la simple fusion.*

Dihl et Guérard. — Tableaux en porcelaine, à Paris.

Désarnod, ingénieur caminologiste. — *Cheminées et poêles, foyers salubres et économiques,* à Paris.

Conté. — Crayons, à Paris.

Deharme. — Tôle vernie, à Paris.

Gremont et Barré. — Toiles peintes, à Bercy.

Polter. — Faïence blanche, à Chantilly.

Payn fils. — Bonneteries en coton, à Troyes.

Jullien, Denis. — Cotons, à Luat (Seine et-Oise).

En outre de ces douze distinctions, treize mentions honorables furent accordées à :

MM.

Berthier. — Acier, chaînes de montre, à Bizy (Nièvre).

Raoul. — Limes fines en acier français, à Paris.

Bouvier. — Ouvrages en filigrane, à Paris.

Gerentel. — Feuilles de corne à lanternes, à Paris.

Kutsch. — Machines à diviser, à Paris, *pour la division des nouvelles mesures.*

Thiroin Gauthier. — Coutils, à Pont-Audemer.

Patoulet, Audry et Lebeau. — Couverts en acier plaqués d'or et d'argent, à Champlan, près Longjumeau.

MM.

SALNEUVE. — Machines, à Paris. — *Forte vis de balancier; presse à timbre sec.*

PERRIN. — Toiles métalliques, à Paris.

DETREY. — Bonneterie,   (Doubs).

GAHOURS. — Bonneterie, à Paris.

PLUMER-DONNET. — Cuirs corroyés, à Pont-Audemer.

LEPETIT-WALLE. — Rasoirs, à Paris.

Les mouchoirs et étoffes de Chollet et de Mayenne, les cristaux du Creusot et du Gros-Caillou, les machines de M. Roth de Paris, les cordes croisées de M. Flage de Toulouse, étaient cités par le jury comme produits utiles et d'une bonne fabrication.

Le jury regrettait que les citoyens Boyer Fonfrède, dont les étoffes de coton rivalisaient avec les plus belles d'Angleterre; Didot jeune, si avantageusement connu par ses superbes éditions et la fabrication de son papier vélin; Larochefoucauld, distingué dans le genre de fabrique en colonnades qu'il a formé; Delattre, à qui la filature de coton doit une partie de ses progrès, n'eussent pas pu concourir.

Chaque soir, le Temple de l'Industrie était

illuminé ainsi que les soixante-huit arcades du Portique.

L'arcade quarantième présentait une suite complète d'étalons du nouveau système métrique, exécutés sous les ordres de François de Neufchâteau, par les soins du conseil des Poids et Mesures.

Deux autres arcades étaient réservées à la Manufacture de Sèvres et à la Fabrique d'armes de Versailles.

Les lauréats obtinrent à la fête du 1er vendémiaire des places particulières, et leurs noms furent proclamés par le président du Directoire.

Un tel hommage rendu aux industries fit naître l'émulation parmi nos manufacturiers. De cette première Exposition, comme le signalait Chaptal [1], datent « les premières expériences de nos fabriques, le mouvement rendu à nos ateliers, et pour ainsi dire, la renaissance de tous les arts utiles. »

1. Voir circulaire de Chaptal, pour la deuxième Exposition (1801).

X

Sans doute, le promoteur de la première Exposition n'entrevit que confusément la grandeur de l'œuvre qu'il inaugurait ; mais il suffit de lire le procès-verbal du jury pour constater que, dès le principe, la fin proposée n'était point de présenter à la foule un vain étalage.

Le jury ne confondit pas dans la même balance :

Les fruits de l'invention ;

Les résultats des perfectionnements;

Et ce qu'il appela : les Monuments de l'utilité publique.

Il distingua ces trois genres dans sa classification, déclarant que le premier caractère du mérite et son premier titre à la reconnaissance publique est le degré d'utilité.

Ainsi, dès les premiers pas, les jurés aperçoivent le but et le montrent aux travailleurs.

Depuis, on n'a cessé de le répéter; tous les rapports en font foi : les Expositions ne sont pas destinées à être uniquement des fêtes du travail, des représentations pleines de grandeur, elles doivent être surtout des sources d'observation où l'industrie puise ces leçons pratiques qui généralisent le progrès. — Il est bon d'y insister et de le redire. Un produit isolé, fût-il un chef-d'œuvre de patience et de goût, s'il n'est obtenu qu'à grands frais ou exceptionnellement, peut avoir la plus haute valeur artistique; mais il n'en a par lui-même aucune, au point de vue industriel. Ce chef-d'œuvre mérite l'admiration, mais peut se passer d'encouragement.

Dans le domaine des arts utiles, le prix de revient est un des principaux facteurs de la perfection, comme l'utilité est la mesure la plus juste du prix réel des choses. « Souvent même de pareils travaux, disait Cunin-Gridaine, sont pour leurs auteurs une cause de mécompte. Quelques fabricants se croient obligés de faire exécuter des produits exceptionnels, des *pièces d'Exposition*. En cela ils méconnaissent le but de l'Institution, qui n'est point d'établir un concours sur la seule comparaison des objets exposés, mais de faire connaître l'état vrai des différentes branches de fabrication. La réduction du prix, lorsqu'elle n'est achetée par aucune altération de la qualité, constitue un progrès véritable, puisque, en mettant un objet à la portée du plus grand nombre, elle favorise le développement de la fabrication utile, » mais hâtons-nous d'ajouter : sans l'excéder, sans que l'encombrement vienne rompre l'équilibre entre la production et la consommation, et en tendant au contraire à les maintenir constamment dans ce rapport qui est le plus difficile problème de l'industrie et de la vie sociale tout entière.

François de Neufchâteau fit connaître aux autorités départementales l'intention du Gouvernement de rendre les Expositions de l'industrie périodiques, annuelles ; et il traça dans cette circulaire les règles qui ont été suivies depuis : — la formation d'un

jury départemental pour choisir les produits dignes d'être admis, et d'un jury central pour les juger. Le Ministre annonçait,
en finissant, que le jury central décerne-
rait après chaque Exposition vingt médailles
d'argent aux vingt manufacturiers les plus
habiles, et une médaille d'or à celui qui
aurait porté le coup le plus funeste à l'*industrie anglaise !*

Les temps sont bien changés ! Ces hos-
tilités ne sont heureusement plus de notre
âge. Aujourd'hui, dans ces luttes pacifiques
dont l'arène s'agrandit à l'infini, les Expositions universelles admettent fraternelle-
ment toutes les compétitions, toutes les
rivalités, sans distinction de peuples, si ce
n'est pour rendre justice aux plus dignes.

La France a le droit d'être fière de ces
résultats, le temps a mûri l'œuvre. Ce
n'en est pas moins à la mémoire de François de Neufchâteau que nous devons en
faire honneur. C'est lui qui l'a planté, qui
l'a vu naître, au Champ de Mars, — ce
rosier devenu un chêne séculaire.

XI

Si François de Neufchâteau ne brille pas au premier rang parmi ses plus célèbres contemporains, c'est que les grandes figures de cette époque ont projeté leur ombre sur lui. Sa place est marquée dans le petit nombre de ces hommes laborieux et dévoués au service du pays, dont les travaux furent réellement utiles.

Tour à tour littérateur, jurisconsulte, magistrat, homme d'État, agronome, ami de tous les arts, il apporta, dans des genres si divers, des facultés peu communes, un zèle infatigable, un jugement droit, des connaissances étendues et une scrupuleuse honnêteté.

Ennemi des partis extrêmes, sa modération lui attira le blâme des exaltés, à un moment où être modéré, c'était se rendre suspect; et les dénonciations portées contre lui furent le plus bel éloge qu'on put faire de sa conduite.

Un de ses détracteurs a dit que, comme personnage politique, il fut *l'une des premières girouettes de France;* mais ceux qui l'ont accusé d'inconstance dans ses opinions, ont peut-être oublié que pendant une si longue carrière, à travers la tourmente révolutionnaire et sous des régimes différents, il est peu de convictions inébranlables; et qu'il a pu changer de sentier sans dévier du droit chemin, de la grande route que lui montrait la raison.

Il allait devant lui avec bonne foi, attiré par l'éclat de tout ce qui est noble et beau, se possédant toujours, ne se laissant pas entraîner hors des bornes qu'il s'était posées. S'il n'eut pas les élans sublimes du génie, il n'en eut pas non plus les écarts. Il reçut de la nature des talents remarquables, tous les dons aimables de l'esprit

3.

et des vertus qui l'élèvent de beaucoup au-
dessus de la médiocrité.

Des appréciations dénuées d'exactitude
ont semé sur sa vie une foule d'erreurs,
et quelques biographes incertains ou hos-
tiles ont, par des assertions controuvées,
dénaturé son caractère, en lui imputant
des actes auxquels il resta étranger.

C'est ainsi que les uns prétendent qu'il
ne fut pas élu à la Convention, tandis que
d'autres le comptent au nombre des juges
de Louis XVI. La vérité est que, porté
candidat à la Convention nationale par la
presque unanimité des suffrages dans le
département des Vosges, il refusa ce re-
doutable mandat. Michaud avance qu'il fut
rayé du tableau des avocats pour avoir
consenti à reconnaître l'enfant naturel d'un
personnage de la plus haute naissance.
Nous verrons plus loin pourquoi il fut
écarté de la carrière du barreau.

On a dit qu'il fut contrôleur des actes à
Vrécourt-en-Bassigny. Il n'exerça jamais
cette charge. C'est aussi à Vrécourt que

quelques-uns l'ont fait naître; d'autres à Livon-le-Grand. Ils se sont trompés.

François de Neufchâteau naquit dans un coche, au cours d'un voyage que faisait sa mère, qui fut forcée de s'arrêter dans une auberge à Sassy, en Lorraine, près de Rosières-sur-Mouzon, le 17 avril 1752.

Son père était maître d'école.

Enfant précoce, à neuf ans, il rimait ses premiers vers.

A treize ans, étant encore pensionnaire au collège de Neufchâteau, il publia un premier recueil de poésies; et, à quatorze ans, un second volume de pièces fugitives, dont quelques-unes obtinrent les encouragements de Voltaire.

L'Almanach des Muses accueillit les essais du jeune François, à côté des productions légères des Dorat, des Delille, des Gilbert, des Gresset, des Lemierre, des Piron et de Voltaire lui-même.

Le recueil de 1766 inséra les vers suivants, *Sur l'Enfance :*

Age brillant de la gaîté,
Instants rapides de l'enfance,
Vous semez, sur mes jours filés par l'innocence,
Les fleurs de la félicité.

Votre vive lumière éclaire mon aurore,
Elle frappa mes jeunes yeux,
Du nouveau jour pour moi qu'elle avait fait éclore,
J'admire l'éclat radieux.

Tel un doux crépuscule annonce à la Nature
Du soleil du matin les rayons éclatants,
Ou tel, couronné de verdure,
Sur l'aile des zéphyrs arrive le Printemps.

Doux plaisirs, ris charmants, joie aimable et naïve,
Enfants d'un tranquille bonheur,
Que ne puis-je arrêter la course fugitive
Du Temps qui vous enlève aux désirs de mon cœur !

Cette pièce était accompagnée de la note suivante :

« L'auteur de ces vers est une sorte de phénomène littéraire. C'est le fils d'un maître d'école d'un village près de Neufchâteau. Il n'avait que treize ans quand il a publié, en 1765, un petit volume de poésies [1]. »

Voici comme en parlait, dans une de ses

1. 1765. *Poésies diverses* du sieur François, pensionnaire au collège de Neufchâteau. — Neufchâteau, Monnoyer, in-12, 42 pages.

lettres, M. de N..., major au régiment de
dragons du Languedoc :

« L'enfant répond à tout avec modestie
» et précision, parle familièrement de tous
» les auteurs anciens et modernes, raisonne
» politique, morale et histoire, — même de
» guerre, avec beaucoup de sens. Il dit et
» fait sur-le-champ les plus jolies choses
» du monde pour les dames, et quand il
» voit qu'on ne l'interroge plus, il court à
» un volant ou à toute autre bagatelle, avec
» le même intérêt qu'un enfant de dix ans,
» qui ne serait occupé que de cet objet. »

Les voyages forment la jeunesse. Aux
vacances, le bailli d'Alsace, M. d'Hennin-
Liétard, l'emmena à Lyon et à Marseille.
Le jeune littérateur fut reçu membre des
académies de ces deux villes, puis associé
à celles de Dijon et de Nancy, ce qui fit
dire à Grim : « Voilà un associé de plus
» d'académies qu'il n'a encore vécu de
» lustres[1] ! »

1. *La Correspondance philosophique*, numéro de juin 1766 :
« *On vient de publier les pièces fugitives de M. François*

L'année suivante, 1767, l'*Almanach des Muses* insérait l'*Éloge des roses, une épigramme,* des vers pour le portrait de M. Reboucher, et annonçait, parmi les ouvrages de poésies parus dans l'année 1766, un nouveau volume de pièces fugitives de M. François de Neufchâteau en Lorraine, âgé de quatorze ans, ajoutant :

« On a déjà vu des vers de M. François,
» dans l'Almanach de 1766, il était alors
» âgé de 13 ans. Il a fait imprimer, cette
» année, un recueil dont on a donné l'ex-
» trait dans le *Journal des Dames*, de juil-
» let 1766. »

« *Un talent précoce, de la douceur, un style*
» *un peu vuide, trop de facilité.* »

L'homme tout entier est pressenti et jugé dans cette note sur l'enfant. Ce peu de mots donnent la mesure de toute sa vie.

L'Almanach de 1768 contient l'épigramme

» *(de Neufchâteau en Lorraine), âgé de 14 ans, associé des*
» *académies de Dijon, de Marseille, de Lyon, de Nancy.*
» *Voilà un associé de plus d'académies qu'il n'a encore vécu*
» *de lustres.* »

du *Vil adulateur*, l'*Épitaphe d'un magistrat*
et un madrigal *à une Belle qui se parait* :

> Crois-moi, charmante Églé, que jamais ta figure
> Ne brille à nos regards d'un éclat emprunté,
> La négligence est la parure
> Qui sied le mieux à la beauté.

Et ces vers à mademoiselle ***, en lui
envoyant le *Catéchisme de l'amour* :

> Ce catéchisme est aujourd'hui le vôtre.
> A mes feux, pour le suivre, accordez du retour,
> Et faites que je sois l'apôtre
> Et non le martyr de l'amour !

A quatorze ans, conter ainsi fleurette !
Quel petit gaillard !

Comme le nom de François était très
commun dans le pays, il y ajouta, en 1766,
celui de la ville de Neufchâteau, et fut
autorisé à garder ce nom, par un arrêt du
Parlement de Nancy, rendu en 1777.

Après avoir séjourné quelques mois à
Paris, il se rendit à Bordeaux et s'y lia
d'une amitié étroite avec le président Dupaty, — ce défenseur des malheureux, ce
jurisconsulte dont les études sur les lois

criminelles ont ouvert la porte à tant de réformes; — ce magistrat intègre, cet homme de bien, à l'esprit vif et aimable, ce père de famille dont l'exemple était si bon à suivre.

XII

François de Neufchâteau avait été reçu avocat au Parlement de Paris, sous les auspices de Linguet. Revenu à Paris en 1774, il rédigea un mémoire au sujet d'une querelle survenue entre la Comédie-Française et M. Louvay de Saussaie, qui prétendait s'opposer à ce que les actrices missent du galon d'or sur des costumes spartiates. François de Neufchâteau tenait essentiellement au galon d'or. C'est à cette occasion qu'il pensa sérieusement à exercer la profession d'avocat et à chercher une position stable; car, en attendant son heure, il n'était pas trop bien traité par la fortune, et n'avait que sa plume et le don de parler avec aisance.

Vers la fin de 1776, il épousa une jeune

fille, fort bien élevée, très jolie et pourvue d'une dot assez ronde : mademoiselle Dubus, nièce de Préville, le comédien célèbre, dont les vertus privées égalaient le talent. C'est beaucoup dire.

Cette alliance fut considérée comme un affront fait au corps du barreau; et il fut décidé que le jeune avocat ne ferait plus partie de l'Ordre.

François de Neufchâteau en éprouva un vif chagrin, et quitta Paris pour aller vivre en Lorraine, où il acheta la charge de lieutenant général au présidial de Mirecourt. Il mena une existence monotone, confinée dans un petit bailliage. Ses espérances ambitieuses étaient brisées ; l'étude et l'amour du foyer le consolèrent, mais cette union d'inclination fut de courte durée; la jeune femme tomba malade, languit tristement, et, à la chute des feuilles, elle mourut dans la fleur de l'âge et du bonheur intime. François la pleura, et se livra entièrement à l'étude dans sa retraite.

En 1781, le lieutenant général de Lor-

raine le nomma son subdélégué. L'année
suivante, 1782, ses amis pensèrent à lui
faire contracter un second mariage. Ici se
place une aventure romanesque et mysté-
rieuse dont on a fait plusieurs versions.
Voici celle que rapporte Fleury.

Tout étant d'accord pour ce mariage, les
parents se rendent des deux côtés chez le
notaire, leur ami commun.

On raconte qu'en descendant de voiture,
le père de M. de Neufchâteau se pencha
vers lui et lui dit : « J'ai à te parler. » La
voix de l'instituteur était profondément al-
térée, et ses traits exprimaient un grand
trouble. Il s'arrêta sur le seuil. Le fiancé,
entré dans l'étude, où tous les invités
n'étaient pas encore arrivés, saisit un prétexte pour rejoindre son père dans le jardin.

— Que me voulez-vous, mon père?

— François... je voulais me tuer — et,
en disant cela, le vieillard ouvrit son habit
et M. de Neufchâteau vit un pistolet. Il s'en
saisit vivement, cherchant les traces de la
folie sur le visage de son père, mais il n'y

lut qu'une déchirante douleur. Et ce malheureux ne s'expliquait pas davantage.

— Quel secret... avez-vous à me révéler? parlez, de grâce; on nous attend, on va nous appeler... dites, dites, mon père!

A ce moment, le père tomba presque consterné devant son fils. Aucune autre parole n'avait été échangée, leurs regards même n'avaient pu se rencontrer. François ouvrit les bras à son malheureux père qui s'y jeta en lui disant :

— Je meurs si tu l'épouses, et il murmura un mot à l'oreille de son fils étonné.

— Adieu, alors, dit celui-ci ; et il s'éloigna...

On l'attendit; on le chercha; il avait disparu.

Voilà ce que dit l'acteur Fleury qu'on peut soupçonner d'avoir imaginé ou quelque peu dramatisé cette scène.

Que faut-il supposer? Pourquoi ce père infortuné avait-il attendu jusqu'à ce moment sans prononcer un mot fatal? Y allait-il de l'honneur de deux familles? S'agissait-il d'un lien sacrilège, d'une parenté inconnue? On se demande, comme on l'a tant répété depuis dans les opéras : « Quel est donc ce mystère? »

Ce que devint la fiancée? On n'en a rien dit. Ce qui est certain, c'est que François de Neufchâteau passa pour mort.

Quelques mois après, on était en train de l'oublier, lorsque l'abbé Geoffroy fit publier dans les journaux qu'il préparait une édition des œuvres complètes de ce jeune homme.

On avait déjà de lui, outre les deux recueils de vers et les pièces que nous avons citées :

L'Ode sur les Parlements, 1771.

Le Mois d'Auguste, épître à Voltaire, 1774.

Le Discours sur la manière de lire les vers, 1775.

La Consultation épineuse, conte lestement tourné, 1776.

Trois jolis contes : *la Valeur des termes ; la Parure ; le Péril*, 1778.

La lettre à la comtesse de B... l'*Épître à M. Sabbatier de Castres.*

Des vers traduits de Sotadès, ancien poète grec.

Une Imitation d'une épigramme de Martial.

La traduction d'un passage de Claudien.

Une chanson à boire, philosophique et morale, mise en musique par Albanèse, dont le refrain est si connu :

> « Croyez-moi, buvons à longs traits,
> O mes amis, et buvons frais. »

puis un discours sur *les Dégoûts de la littérature,* diverses pièces fugitives, etc...

On remarqua beaucoup, dans l'Almanach des Muses, *Anaximandre,* qui fournit à Andrieux le sujet de sa première comédie.

Enfin, tout le monde sut que M. François de Neufchâteau n'était pas mort.

Nommé procureur général au Conseil supérieur du Cap Français, il était parti, en 1783, pour Saint-Domingue.

Il en revint quelques années après, — fit naufrage sur les récifs de Mogane, à soixante lieues de l'île, et perdit, avec tout son bagage, ses manuscrits, parmi lesquels une traduction de l'*Arioste*, dont il avait publié un fragment dans l'Almanach des Muses, pendant qu'il était lieutenant général du bailliage de Mirecourt. Il n'eut pas, comme Camoëns, la chance de sauver des eaux sa Lusiade. Il regardait pourtant son œuvre comme son plus cher trésor et il en regretta toujours la perte.

L'ouvrage, entièrement achevé en 1781, comprenait la traduction des quarante-six chants du *Roland furieux* dont le fragment qui nous reste ne peut donner qu'une idée imparfaite, le poème de l'*Arioste* réunissant tous les tons et tous les genres. C'était le plus long ouvrage en vers qui eût encore été entrepris dans notre langue.

De retour à Paris, François de Neufchâteau apprend que les nièces de Racine languissaient depuis longtemps dans un état voisin de la misère. Il adresse à madame de Genlis, *gouverneur* des enfants du duc d'Orléans, des vers touchants, pour la prier d'appeler l'intérêt du prince sur ces infortunées si hautement recommandées par le nom qu'elles portaient. Madame de Genlis obtint une pension pour elles.

En 1784, il publia l'*Anthologie morale*, recueil authentique des anciennes ordonnances de Lorraine.

Le Conseil supérieur du Cap ayant été supprimé en 1786, François de Neufchâteau ne retourna pas à Saint-Domingue et s'adonna entièrement à la culture des lettres. Cette année-là, parurent ses *Études du magistrat au cap Français*.

XIII

Mais l'éclair précurseur de la Révolution avait lui, dès la réunion de la première Assemblée des Notables, en février 1787; l'insurrection des idées était faite. L'ami du président Dupaty était trop imbu des théories philanthropiques, trop convaincu du besoin de réformes, pour hésiter à adopter les doctrines nouvelles. Il se déclara franchement partisan des principes de la Révolution.

A la convocation des États-Généraux, ce fut lui qui rédigea les cahiers du bailliage de Toul. En 1790, il provoqua dans cette ville un rassemblement populaire, qui — en l'état d'effervescence où se trouvait le pays, parut séditieux. Il fut arrêté; mais le marquis de Bouillé qui avait le commandement

des provinces d'Alsace, de Franche-Comté
et de Lorraine, et qui, en étouffant une insurrection de la garnison de Nancy, venait
de sauver la discipline et de prévenir la
guerre civile, se montra, par esprit de con-
ciliation, bienveillant envers ce jeune homme
dont la popularité n'était pas sans une certaine influence; et il le fit presque aussitôt
remettre en liberté.

Cet incident fut favorable à M. de Neufchâteau et contribua à le faire élire juge de
paix du canton de Vicherey, où il s'était
retiré, dans son petit domaine, au pied des
montagnes. — Quelque temps après, il fut
nommé administrateur des Vosges, et député à la deuxième Assemblée nationale,
dite l'Assemblée législative. Il s'y montra
constamment attaché à la cause populaire,
sans jamais céder à la démagogie.

Il ne fut ni Jacobin, ni Cordelier; Il fut
fédéraliste. Il rêvait la République austère,
avec ses prestiges et ses vertus. Il fit partie
de ce groupe où se trouvèrent ensemble, dès
l'ouverture de la session, Condorcet, Ver-

gniaud, Bazire, Carnot, Gensonné, Léquinio, Brissot, Guyton-Morveau, Lassource, Thuriot, etc... et d'où devait sortir la Gironde, — qu'il ne suivit plus après le 20 juin.

Des 745 membres qui composaient l'Assemblée législative, — 400 avocats, 79 littérateurs, autant de prêtres, et peu de propriétaires, — la grande majorité était formée de jeunes gens sans patrimoine, connus surtout pour avoir exercé leur éloquence dans les clubs ; — la plupart n'atteignaient pas trente ans. François de Neufchâteau en avait alors quarante, et sa renommée le faisait remarquer partout.

Il appartenait à cette société philosophique qui, en cherchant la vérité, tendait avant tout à rehausser la dignité de la condition humaine. Il ne croyait guère à la perfectibilité illimitée, selon la doctrine dont Condorcet s'était fait l'apôtre ; il n'avait ni le scepticisme railleur de Voltaire, ni le fatalisme de Diderot ; il avait l'horreur des préjugés, mais ne supprimait pas tout sentiment religieux, comme faisaient les nombreux disciples de la nouvelle école. Il n'essaya jamais de réfuter Dieu; — il eût voulu poser des bornes à l'incrédulité et, en abattant les autels du fanatisme, relever ceux de la Divinité, opérer d'heureuses réformes dans nos institutions et dans nos mœurs. Il disait que « l'exercice du génie était l'immolation d'un homme au bénéfice de la société. » Quand il fut au pouvoir, il fit du pouvoir pratique.

Le 5 octobre, l'Assemblée législative le nomma secrétaire. Le 9 novembre, il fit le rapport sur la loi enjoignant aux prêtres le serment civique, et privant les réfractaires de tout traitement et de toute pension.

Pour démontrer qu'il existe entre les ministres des diverses religions des différences qui nécessitent des mesures particulières, le rapporteur remonta historiquement à Richelieu et au Père Joseph, inventeurs des lettres de cachet, et conclut que ce n'est point pour les prêtres « que la Constitution » dit: Nul ne sera *inquiété dans ses opinions*

» *religieuses... tous les cultes sont libres... les*
» *citoyens ont le droit d'élire les ministres de*
» *leur choix, etc.* »

Le début de l'orateur fut brillant. L'Assemblée décréta l'impression du rapport et l'envoi aux quatre-vingt-trois départements.

Le 26 décembre, François de Neufchâteau fut élu président de l'Assemblée législative. (Il est le septième président.)

Le 13 août suivant, il propose et fait adopter la loi qui ordonne la vente des biens nationaux, divisés en portions assez petites pour que le plus modeste cultivateur puisse se rendre adjudicataire, afin d'« *atta-*
» *cher davantage les habitants des campagnes à*
» *la Révolution.* »

Le 26 août, il engage l'Assemblée à ne pas se dissoudre, et tous les députés présents à prêter le serment de ne quitter leur poste qu'après la réunion de la *Convention nationale.* Cette résolution est prise par acclamation et décrétée immédiatement.

Est-il besoin de rappeler que la situation était terrible ? Les conséquences de la

journée du 10 août avaient amené des mesures extrêmes ; — visites domiciliaires, pro-
scriptions, exécutions. Les événements se
succédaient avec une effroyable rapidité. Le
volcan jetait ses flammes, et les laves s'ac-
cumulaient.

Le prélude de l'insurrection vendéenne
éclate à l'appel de Baudry-d'Asson ; — en
même temps on apprend la prise de
Longwy, après vingt-quatre heures de bom-
bardement, et celle de Verdun, par le roi
de Prusse, dont l'armée, précédée du ma-
nifeste de Brunswick et de l'indignation
publique, s'avançait témérairement dans la
Champagne et menaçait Paris.

Les armées françaises se replient vers
Châlons. Un camp se forme précipitamment
dans la plaine de Saint-Denis ; on s'enrôle
de toutes parts, les têtes tombent ou s'éga-
rent ; — les massacres dans les prisons
sont érigés en actes de gouvernement. La
Commune de Paris annonce aux départements que ces mesures ont paru indispen-
sables pour « *retenir par la terreur les*

» *légions de traîtres, au moment où il faut*
» *marcher à l'ennemi.* »

La guerre extérieure, la guerre civile, les colonies dévastées, les finances anéanties, les tueries sanctionnées, l'anarchie, la ruine partout... C'est au milieu de cette confusion et c'est pour vaincre dans cette lutte surhumaine, que la Convention nationale se réunit le 21 septembre 1792.

En lui remettant les pouvoirs de l'Assemblée législative, François de Neufchâteau prononça ces paroles :

« Le but de vos efforts sera de donner
» au pays la liberté, les lois et la paix...
» Les Grecs inscrivirent ces trois mots
» sur la porte du temple de Delphes ; vous
» les imprimerez sur le sol entier de la
» France. »

Au mois d'octobre, la Convention désigna François de Neufchâteau pour remplir les fonctions de ministre de la Justice. Il refusa, préférant sa retraite studieuse dans les Vosges. Ce fut Garat qu'on nomma en remplacement de Danton.

XIV

En 1793, François de Neufchâteau donna au théâtre de la Nation, ci-devant Comédie-Française, *Paméla* ou la *Vertu récompensée*.

La première représentation de cette pièce eut lieu le 1er août, — avec un éclatant succès.

Ce jour-là, Marie-Antoinette était renvoyée au Tribunal révolutionnaire et transférée à la Conciergerie. — Le Comité de salut public décidait que les sépultures royales de Saint-Denis seraient détruites pour l'anniversaire du 10 août.

Le parterre de la Comédie-Française n'était pas composé en majorité de farouches *Tape-dur*, — armés de leur *constitution* et du casque à queue de renard. On y voyait des lignes entières de têtes poudrées. Il y avait aussi quelques *Beaux*, précurseurs des *Muscadins*, qui *allusionnaient* et avertissaient les tapageurs. Le public frémissait sur un mot.

Déjà l'*Ami des lois*, de Laya, avait causé quelque trouble. L'innocente *Paméla* devait en payer la folle enchère. Elle était heurtée par les événements. Les applaudissements soulignaient les vers où l'on croyait trouver des allusions, — comme dans celui-ci :

Le parti qui triomphe est toujours légitime.

Le succès grossissait. Il porta ombrage. Après la huitième soirée, les comédiens reçurent, le 29 août, l'ordre de suspendre les représentations de *Paméla*.

« Les vers de la pièce, disait l'exposé des » motifs, tendent à rétablir, ou au moins à » faire regretter l'ordre de la noblesse. »

Les amis de l'auteur tremblèrent pour lui et lui conseillèrent de retirer son ouvrage.

Il consentit seulement à effacer quelques passages qui pouvaient donner prise aux malintentionnés.

Enfin l'autorisation de reprendre la pièce

fut accordée pour le 2 septembre, avec injonction de mettre au bas de l'affiche cet avis :

« Conformément aux ordres de la Muni-
» cipalité, le public est prévenu que l'on
» entrera sans cannes, bâtons ou épées, et
» sans aucune espèce d'armes offensives. »

Cette interdiction laissait assez pressentir l'orage.

On peut voir le compte rendu de cette représentation dans les Mémoires de Fleury, qui jouait le rôle de *Bonfil*.

La toile se leva. La salle n'avait jamais été plus brillante. Jamais la jeune Lange n'avait eu plus de grâce. Tout marcha bien d'abord ; mais dans la scène où *Milord Arthur* conseille à *Milord Bonfil* de se marier afin de transmettre son rang à son fils, il y eut un murmure dans un coin de la salle. Cependant les applaudissements suivaient les acteurs. Le parterre s'excitait ; et lorsque *Andrews* dit :

« Ah ! les persécuteurs sont les plus condamnables,
» Et les plus tolérants sont les plus raisonnables. »

Et que L. Bonfil réplique :

« Tous les honnêtes gens sont d'accord là-dessus. »

— C'est insupportable, s'écria un specta-
teur, — non, citoyen Fleury, vous répétez
des vers qu'on a retranchés.

Fleury s'arrête. « Monsieur, dit-il, je joue
mon rôle comme il a été approuvé par le
Comité de sûreté générale. » Puis, saluant
le public stupéfait de cette scène :

« Faut-il continuer, messieurs, ou cesser
le spectacle ?... »

— La pièce ! la pièce ! crie-t-on de tous
côtés, à la porte l'interrupteur !

— Vous voulez donc donner raison aux
modérés, hurle l'homme furieux en frap-
pant sur le balcon ; la pièce est contre-
révolutionnaire.

Le public se lève, criant : à la porte !

L'interrupteur disparaît et l'ouvrage,
chauffé par l'émotion de la salle, s'achève
au milieu d'un véritable triomphe.

Mais l'homme avait couru aux Jacobins
dénoncer le Théâtre-Français comme un

repaire d'aristocrates, et, pendant que la toile se levait pour la seconde pièce (l'*École des bourge is*), la force armée cernait la salle.

Les acteurs rentrèrent chez eux ; mais, par un décret du lendemain, 3 septembre, « le Comité de salut public, considérant que des troubles se sont élevés dans la dernière représentation du Théâtre-Français, où les patriotes ont été insultés, que les acteurs et actrices de ce théâtre ont donné des preuves d'un incivisme caractérisé depuis la Révolution, et représenté des pièces anti-patriotiques, arrête :

« 1° Le Théâtre-Français sera fermé ;

» 2° Les comédiens du Théâtre-Français et l'auteur de *Paméla*, François de Neufchâteau, seront mis en état d'arrestation dans une maison de sûreté, et les scellés apposés sur leurs papiers. »

Les acteurs furent tous arrêtés dans la nuit du 3 au 4 septembre et mis sous les verrous aux Madelonnettes. François de Neufchâteau fut enfermé au Luxembourg, où pendant sa détention il composa un *Hymne à la liberté.*

Il dut son salut au 9 thermidor. Il fut alors nommé juge au Tribunal de cassation, et ensuite commissaire du Directoire pour le département des Vosges.

Le 8 messidor de l'an V (16 juillet 1797), il remplaça Benezech au ministère de l'Intérieur. Cette même année, il publia les *Améliorations dont la paix doit être l'époque,* et fit paraître la deuxième édition du *Poëme des Vosges,* dont la première (de 1776) était épuisée.

Quatre jours après le coup d'État du 18 fructidor (4 septembre 1797), il fut élu membre du Directoire, avec Merlin de Douai, en remplacement des deux directeurs déportés : Carnot et Barthélemy.

XV

Après avoir signé la paix de Campo-
Formio et présidé la légation française au
congrès de Rastadt, Bonaparte arriva inco-
gnito à Paris, le 15 frimaire de l'an VI,
dans sa maison de la rue Chantereine, et
cinq jours après, — le 10 décembre, —
eut lieu sa présentation solennelle au Directoire, dans la cour du Luxembourg. Cette
réception triomphale fut suivie de fêtes bril-
lantes que lui donnèrent individuellement
les directeurs.

Chez François de Neufchâteau, Bonaparte[1]
parla de mathématiques avec Laplace, de
législation avec Daunou, de métaphysique
avec Sieyès, de poésie avec Chénier, d'agri-

1. Voir les journaux de l'époque et l'*Histoire de la Révolution française*, par Thiers. T. IX, p. 352.

culture avec son hôte. Chacun admirait la transcendance de ses facultés; les lettres et les arts lui rendaient hommage, au milieu de ses trophées et des chefs-d'œuvre rapportés d'Italie. L'Institut le choisit pour remplacer Carnot, — Carnot que François de Neufchâteau remplaçait au Directoire.

On était ébloui et déjà subjugué par ce jeune conquérant de vingt-huit ans, devenu le héros de la patrie.

Dès lors François de Neufchâteau fut l'un de ses fervents adeptes.

Il ne participa au pouvoir exécutif que jusqu'au 20 floréal (9 mai 1798). Il fallait nommer un nouveau directeur, et le sort le désigna comme membre sortant. Remplacé par Treilhard, il fut choisi pour représenter la France à la conférence qui allait s'ouvrir concurremment avec le congrès de Rastadt, dans la petite ville de Seltz, — désignée par sa proximité des frontières. La Constitution défendait au directeur sortant de s'éloigner de France avant l'expiration d'un délai fixé.

Le 29 prairial de l'an VI (17 juin 1798),

François de Neufchâteau reprit le portefeuille du ministère de l'Intérieur.

C'est pendant ce second ministère que sa modération lui attira de violentes attaques sous de mauvais prétextes. A la suite d'une circulaire dans laquelle il s'élevait à la fois contre les royalistes et contre les anarchistes, ayant mécontenté les deux partis, il fut dénoncé par Marbot au Conseil des Anciens, et par Quirot au Conseil des Cinq Cents. A peine était-il déchargé de leurs inculpations, que Génessieux, Bliot et Garran l'accusèrent de corrompre l'esprit public en faisant représenter des pièces de théâtre anticiviques; on lui reprocha même d'employer, à monter ces ouvrages, des fonds secrets mis à sa disposition. Il tenait, au contraire, des comptes scrupuleusement exacts et venait, justement, de reverser au Trésor 15,000 francs de ces fonds secrets, dont il eût pu disposer.

Il est constant que sa carrière ministérielle fut marquée par une parfaite probité, non moins que par l'éclat avec lequel il remplit ses fonctions. Les sciences et les arts n'ont pas oublié la protection qu'il leur a donnée. Il se plut à encourager l'instruction publique et à la répandre. Il fit acheter et remettre les meilleurs livres aux bibliothèques des départements. Il rétablit la Société centrale d'agriculture, s'attachant passionnément au perfectionnement du premier et du plus utile des arts.

On se rappelle avec quelle pompe il dirigea, en 1798, l'entrée triomphale des monuments des sciences et des arts et quel éclat il donna à cette fête nationale.

Deux mois après, il concevait la première idée des Expositions industrielles, et, à l'occasion d'une solennité patriotique, il dotait la France d'une institution qui a étendu une si grande influence sur tous les peuples.

Au milieu de tant de travaux, François de Neufchâteau publiait, en 1798, — *l'Institution des enfants — Conseils d'un père à son fils.*

Le 8 messidor — 26 juin 1799, — il fut remplacé au ministère de l'Intérieur par Quinette.

XVI

Le Directoire, jouet de tous les partis, en était réduit à les opposer les uns aux autres pour maintenir par l'intrigue un équilibre que le premier accident devait rompre.

Tout à coup, le 17 vendémiaire de l'an VIII, Bonaparte, revenant d'Égypte, débarque à Fréjus et part aussitôt pour Paris, porté par l'enthousiasme populaire.

« Le député Baudin, des Ardennes, l'un des auteurs de la Constitution de l'an III, républicain sage et sincère, attaché à la République jusqu'à la passion, et la croyant perdue si un bras puissant ne venait la soutenir, — Baudin, des Ardennes, expira de joie en apprenant cet événement. » (Thiers, *Histoire de la Révolution*, tome X, p. 337.) D'après ce fait, on peut juger de l'émotion que ce retour prestigieux de Bonaparte causa dans l'esprit enthousiaste de François de Neufchâteau.

Le 18 Brumaire éclate. Tout change, la Constitution de l'an VIII ouvre le siècle. — François de Neufchâteau est des premiers à encenser l'idole.

Il entre au Sénat conservateur, fait partie des vingt-neuf membres choisis par les trente et un sénateurs nommés la veille, portant leur nombre à soixante; et il est élu secrétaire.

En 1800, il fait paraître *le Conservateur*, recueil de morceaux choisis d'histoire, de politique, de littérature et de philosophie (2 volumes in-8°) ; — en 1804, le *Tableau des Vues que se propose la politique anglaise dans toutes les parties du monde.*

Mais, en mettant fin à l'anarchie, le pouvoir nouveau ouvrait la barrière au despotisme d'un seul; dans ce simulacre de trinité-consulaire, le pays ne vit que Bonaparte. Réélu pour dix ans, bientôt nommé consul à vie, il s'avance rapidement vers le pouvoir absolu. — Le 3 mai 1804, le Tribunal adopte la proposition de Curée, de déclarer l'Empire héréditaire dans la personne du consul. François de Neufchâteau, qui, au Sénat, occupait le fauteuil en qualité de vice-président, est appelé à répondre à la communication des tribuns.

« Le Sénat, dit-il, a fixé sur le même sujet la pensée attentive du premier magistrat. Comme vous, citoyens tribuns, nous ne voulons pas la contre-révolution, seul présent que peuvent nous faire des transfuges qui ont rapporté avec eux le despotime, la noblesse, la servitude et l'ignorance. Comme vous, nous voulons élever une nouvelle dynastie, parce que nous voulons garantir au peuple français tous les droits qu'il a reconquis. Comme vous, nous voulons que la liberté, l'égalité et les lumières ne puissent plus rétrograder... Ce que vous proposez avec enthousiasme, le Sénat le pèse avec calme. »

En conséquence, le 14 floréal, une députation composée du Bureau et des membres de la Commission qui avait préparé le travail, se rendit auprès du premier consul et lui remit le message du Sénat, avec le mémoire qui contenait ses propositions sur la nouvelle organisation monarchique. François de Neufchâteau exprimait ainsi la pensée du Sénat :

« En réorganisant notre ordre social, votre génie a fait un oubli qui augmente peut-être vos dangers et nos craintes. Il manque à notre Constitution une haute-cour, un jury national. Vous avez eu la confiance qu'un pareil tribunal ne serait pas nécessaire; mais, — citoyen consul, vous vous devez à la patrie; vous n'êtes pas le maître de négliger votre existence, et le Sénat, qui par essence est le conservateur du pacte social, demande que la loi s'explique sur le premier objet de votre conservation. Vous fondez une ère nouvelle, vous devez l'éterniser. L'éclat n'est rien sans la durée. Vous pouvez maîtriser les événements, tranquilliser la France entière, en lui donnant des institutions qui cimentent votre édifice et prolongent pour les enfants ce que vous fîtes pour les pères. Le Sénat vous parle au nom de tous les citoyens; et, dans les cours étrangères, la saine politique vous tiendrait le même langage. Le repos de la France est le gage assuré du repos de l'Europe. »

Certainement, à ce moment fatal, un très grand nombre de citoyens étaient absolument convaincus que la concentration du pouvoir préviendrait seule le retour de convulsions effroyables.

Le 18 mai, Napoléon revêt la dignité suprême, et lorsque, le 27 de ce même mois, le Sénat vint prêter serment à l'Empereur, ce fut François de Neufchâteau qui, élu président la veille, s'avança le premier et reproduisit à peu près les expressions dont il s'était servi en installant la Convention nationale. Les gouvernements, les hommes, les mœurs, tout avait changé, — les phrases restaient les mêmes.

Le 1er décembre 1804, le Sénat présente à Napoléon le plébiscite qui reconnaît l'hérédité du pouvoir dans sa famille. François

de Neufchâteau est encore l'organe du Sénat.
C'est lui aussi qui complimentera Pie VII
venu à Paris pour le couronnement et le
sacre à Notre-Dame.

1805. — A l'occasion de la bataille d'Aus-
terlitz, il fait une ode à Clio, *les Quatre
dynasties*.

1805. — Le 28 janvier, le Sénat ayant
décrété l'érection d'un monument à la
gloire de Napoléon *le Grand*, le président,
François de Neufchâteau, termine ainsi sa
harangue à l'Empereur :

« Souffrez que nous exécutions le décret
» du Sénat en donnant solennellement au
» souverain de la France le surnom de
» GRAND, ce nom que la voix de Dieu nous
» prescrit de vous décerner. »

Le 19 mai 1806 expirèrent ses fonctions
de président du Sénat. Il fut pourvu de la
sénatorerie de Dijon, qu'il quitta au mois
de juillet suivant pour celle de Bruxelles.
Il écrivit alors son *Voyage agronomique dans
la sénatorerie de Dijon* (in-4°, 1806).

Il reçut à cette époque le brevet de grand

officier de la Légion d'honneur, et, deux ans après, le titre de comte de l'Empire.

Non content d'avoir loué Napoléon à Paris, il alla le féliciter jusqu'à Berlin!

Il fit partie de la députation qui fut envoyée à l'Empereur après la bataille d'Iéna et cette succession de victoires d'un éclat et d'une rapidité jusque-là sans exemple dans les annales militaires. Cette députation rapporta à Paris trois cent quarante drapeaux enlevés aux Prussiens, avec l'épée, l'écharpe, le cordon et le hausse-col du grand Frédéric. — Dans toutes ces solennités on rencontre inévitablement François de Neufchâteau, qui manque rarement de placer sa harangue. C'est ce qui fit dire de lui et de M. de Fontanes, son émule, qu'ils étaient tous deux préposés aux AFFAIRES LAUDATIVES.

La maladie de l'adulation était alors tellement contagieuse, que les plus fermes tempéraments ne pouvaient guère y résister. On exhumait les vieilles traditions monarchiques. Combien d'hommes marquants de la Révolution, combien de fougueux tribuns se firent courtisans! Génessieux seul mourut de chagrin en voyant relever le trône.

Le comte François de Neufchâteau aimait la représentation, les spectacles, les fêtes, le culte extérieur en fait de puissance, le grandiose par-dessus tout, le recherchant dans le langage, dans les actions, dans les pensées, dans les monuments; joignant du reste le bon sens au lyrisme, le raisonnement à l'enthousiasme, apte aux affaires, conciliant, homme d'esprit, poète aimable, académicien digne du fauteuil qu'il a si longtemps occupé.

Ce vieil ami de la liberté, malgré son adulation perpétuelle, n'avait pas abdiqué tout sentiment d'indépendance. On raconte une anecdote qui est comme le trait comique du personnage.

L'Empereur avait demandé à François de Neufchâteau un travail sur la Comédie-Française. Le sénateur s'adjoignit une commission, et l'étude traînait en longueur. —

Le conquérant, dit encore Fleury, qui menait tout comme il menait ses victoires, retint un jour les rapporteurs au Louvre, les engageant à en finir sans désemparer. On se mit donc à l'œuvre avec ardeur. — Cependant l'Empereur, qui avait un peu brusqué la chose, racontait gaiement à M. Réal ce qu'il venait de faire. Il était à table et mangeait en ce moment d'un excellent pâté de foie gras.

— Savez-vous ce qui arrivera, Sire? — dit M. Réal avec un sourire qui ne laissait pas d'être respectueux ; — ils feront un rapport, mais ils ne dîneront point.

— Leur rapport ne vaudra rien alors, dit l'Empereur ; — puis il donna ordre qu'à l'instant on leur portât de quoi dîner; et, — faveur spéciale ! — il voulut que le pâté entamé fût servi comme pièce recommandée, avec cette déclaration que Sa Majesté l'avait trouvé fort bon.

Le lendemain chacun des membres de la commission se rengorgeait, vantant la bonne grâce de l'Empereur. Ce pâté fêté, coupé,

savouré, était un sujet de flatteries inta-
rissables. — M. de Neufchâteau raillait de
son côté cette faiblesse des courtisans !

— Savez-vous ce qui s'est passé ? répé-
tait-il le lendemain au foyer de la Comédie-
Française. L'Empereur voulut bien nous
dire en souriant : « J'ai trouvé ce pâté
excellent, et vous, messieurs ? » — A ces
mots, tous de s'incliner et de renchérir de
louanges. — C'était un mets exquis ! déli-
cieux ! sans pareil ! le phénix des pâtés !
etc...

— Et vous ? monsieur de Neufchâteau ?
Vous ne parlez pas. Ne l'avez-vous pas
trouvé bon ?

— Eh ! eh ! eh !... Sire,... il était, ma
foi... un peu trop salé !

Et là M. de Neufchâteau, tout fier de cet
acte de vigoureuse opposition, se promenait
à petits pas dans le foyer, en répétant :
« Oui, oui, — je le lui ai dit, je le lui ai
dit en face : Ma foi, Sire, il était un peu
trop salé ! »

On sait, d'ailleurs, que M. de Neufchâ-

-teau était un fin gourmet et qu'il adorait les pommes de terre.

Il savait garder en tout les vertus du juste milieu.

XVII

Napoléon, après chaque victoire, faisait un pas de plus vers l'absolutisme.

François de Neufchâteau cessa de le suivre.

A partir de 1807, il resta à l'écart de la politique jusqu'en 1814.

« Le héros a changé, disait-il, — je me tais. »

Dès lors, il s'occupa avec ardeur des sciences agronomiques, et de tout ce qui a trait à l'agriculture et aux haras. — Le vaste jardin de son hôtel était un potager où il cultivait des pommes de terre que pour rien au monde il n'eût appelées de ce nom vulgaire. Il avait proposé de donner à cette solanée le nom de parmentières, par reconnaissance envers Parmentier qu'il considérait, à juste titre, comme un bienfai-

teur de ses semblables. C'est François de
Neufchâteau qui, par une protection constante, — contribua à placer l'utile tuber-
cule au premier rang parmi nos richesses
agricoles. Il voulait prouver qu'on pouvait
vivre de parmentières, — mais, trop gour-
mand pour s'en nourrir exclusivement, il
imaginait mille façons de les assaisonner
et de les associer sous des formes diverses
à tous les plats qui étaient servis sur sa
table. Il avait en toute chose le goût des
conciliations.

Le 3 avril 1814, le comte François de
Neufchâteau donna son adhésion aux réso-
lutions du Sénat et aux actes du Gouvernement provisoire.

Au mois de mai, à la tête d'une députation de la Société d'agriculture, il fut chargé
de porter la parole au roi Louis XVIII, en
lui présentant, au nom de cette Société, les
seize volumes de Mémoires qu'elle avait
publiés depuis dix-neuf ans.

M. de Neufchâteau avait édité, en 1807,
les œuvres posthumes de Nivernois, et

donné, en 1810, *l'Art de multiplier les grains*; en 1814, *Fables et Contes* en vers, suivis de *la Lupiade et la Vulpéide* (2 vol.); le poème des *Tropes*, en quatre chants; avec des notes intéressantes sur *les Sources et l'influence du langage métaphysique*.

XVIII

En 1817, Victor Hugo avait quinze ans et venait d'obtenir une mention au concours de l'Académie. Ce premier succès rappelait ceux que François de Neufchâteau avait remportés à treize ans, et le doyen des académiciens voulut connaître le jeune néophyte.

Voltaire avait adopté François comme son héritier sur le Parnasse français. François vit son successeur dans Victor Hugo. — De là, un échange d'épîtres. — Celui que Chateaubriand allait baptiser du nom d'*Enfant sublime*, terminait la sienne par ces vers :

> Accueille ma naissante muse
> Qui vole à toi sans autre excuse
> Que sa faiblesse et ses quinze ans.
> Permets qu'elle ose, en ses rimes légères,
> Marier ses fleurs passagères

A l'immortel laurier qui ceint les cheveux blancs.
    C'est peu ; souffre encor qu'elle espère
En celui qui jadis fut l'espoir de Voltaire ;
Dans ton jeune Apollon il vit le digne appui
    De son nom et de sa vieillesse.
    Vieux à ton tour, illustre comme lui,
        O Neufchâteau, daigne aujourd'hui
        Être l'appui de ma jeunesse.

Le vieillard répondit avec une aimable modestie sur un ton protecteur :

        D'un grand homme trop indulgent
        Pourquoi me rappeler avec coquetterie,
Que j'eus dans mon enfance un coup d'œil obligeant ?
        Si j'admets la cajolerie
        Du compliment que je reçois,
Au fond, sans vanité, je sais ce que j'en crois !
J'en aime l'élégance et non la flatterie.
Il est vrai qu'à treize ans, sans avoir vu Paris,
J'osai d'une province étrangère au Parnasse,
        Et de l'enceinte d'une classe,
Envoyer à Ferney quelques faibles écrits.
Voltaire avec bonté courut à mon audace,
A mes premiers essais il daigna faire grâce,
        Mon âge en faisait tout le prix.
        Ce n'est pas seulement votre âge,
        Qui de l'Académie a fixé les regards.
Lorsque jusqu'à deux fois elle a lu votre ouvrage,
Dans ce concours heureux battaient de toutes parts
Le sentiment, le charme et l'amour des beaux-arts
Sur quarante rivaux qui briguaient son suffrage.
        . Est-ce peu qu'en traits séduisants
        De votre Muse de quinze ans

L'Académie ait dit : Jeune homme, allez; courage !
Tendre ami des neuf sœurs, mes bras vous sont ouverts,
          Venez, j'aime toujours les vers.
Je ne vous rendrai point louange pour louange,
Laissons ces encensoirs l'un à l'autre pareils ;
Dans un ordre meilleur ma vieillesse me range,
Et je puis acquitter par un plus noble échange
          Vos éloges par mes conseils.

Là-dessus, François de Neufchâteau invita Victor Hugo à dîner; et les conseils qu'il lui donna durent être encore meilleurs que sa cuisine, s'il est vrai qu'ils aient contribué à inspirer le grand poète du siècle.

Le protecteur mit le protégé à l'œuvre. Il le chargea de faire une étude sur le roman espagnol de Marcos Obregon, dans lequel on prétendait que Lesage avait pris son Gil Blas. Cette dissertation due à la plume du jeune Hugo, et qui prouve que Lesage est l'auteur de son livre, fut lue à l'Académie et parut sous la signature de François de Neufchâteau, dans la collection des *Meilleurs ouvrages de la langue française.*

On a aussi le Recueil des circulaires ou instructions qu'il a adressées pendant son ministère aux fonctionnaires qui relevaient de lui. Ce recueil, résultat de l'étude et de l'expérience, est utilement consulté.

Citons un examen intitulé : *Esprit de Corneille ;* une lettre à M. Suard, sur la nouvelle édition de sa traduction de l'*Histoire de Charles-Quint, et sur quelques oublis de Robertson,* travail qui fut inséré dans les *Annales encyclopédiques* et parut à part, ainsi qu'une épître à M. Viennet.

Il fit encore, en 1819, *les Trois nuits d'un goutteux,* poème en trois chants.

En 1822, une *Épître sur l'agriculture en France.*

Depuis longtemps il ne s'occupait plus de politique. — En 1827 il donna les derniers de ses ouvrages: *Introduction au Dictionnaire d'agriculture pratique* et une étude portant pour titre : *Sur la manière d'enseigner l'agriculture.* Il a laissé, en outre, deux volumes de mémoires sur sa vie. La goutte dont il était perclus n'avait jamais ralenti ses travaux. Cet homme infatigable mourut le 10 janvier 1828, à l'âge de 76 ans.

XIX

Sa longue vie est tellement mêlée aux événements que pour la raconter il faudrait écrire l'histoire complète de cette grande période qu'elle embrasse.

Il ne fut l'ennemi de personne; au contraire, on lui reprochait d'être l'ami de tout le monde. Il était, avant tout, dévoué aux gloires de sa patrie. Citoyen soumis aux lois, plein d'ordre, plus indulgent pour les autres que pour lui-même, ardent à l'œuvre, il fut de toutes les fêtes en étant de tous les travaux. En politique, il manqua d'idées fixes, mais il voulut marcher dans les voies du bien et du progrès. Il avait de l'élévation dans les pensées, de la chaleur dans l'expression, l'accent oratoire. Ses yeux portaient le trait de la sagacité,

et sa bouche celui d'une sérénité bienveil-
lante. Homme universel, administrateur,
membre de l'Assemblée législative, du Directoire, de l'Institut, ministre, comte et sénateur de l'Empire, pair de France, grand
dignitaire, il eut tous les honneurs et toutes
sortes de mérites, mais, parmi les titres qui
recommandent son nom, le premier de tous
est d'avoir été le fondateur des Expositions.

XX

Les Expositions nationales, telles que François de Neufchâteau les créa, ont consacré pendant la première moitié du siècle le développement rapide des sciences et des arts utiles dans la liberté du travail.

Elles nous ont conduits aux Expositions universelles, qui rapprochent les peuples dans l'unité d'action et démontrent avec la plus éclatante évidence l'universel besoin d'alliance et de paix.

Le moule étroit des vieilles idées est brisé depuis cent ans. De tous côtés, des voies nouvelles sont ouvertes. A vrai dire, il n'y a plus d'étrangers, il n'y a que des hôtes. Les distances ont disparu, les différences s'effacent, l'égalité s'étend, les usages s'assimilent, on se comprend sans confusion. Au pied de la tour Eiffel, les voyageurs venus des bords les plus lointains entendent avec joie résonner l'écho de leurs langues maternelles, et tous entendent également la voix connue de la France qui leur offre sa cordiale bienvenue. Restez donc unis, fils régénérés de la grande famille humaine, hommes de tous les travaux, et, sans cesser de maintenir les droits sacrés de chaque patrie, élevez-vous aux sentiments de concorde seuls dignes d'une ère de civilisation.

FIN

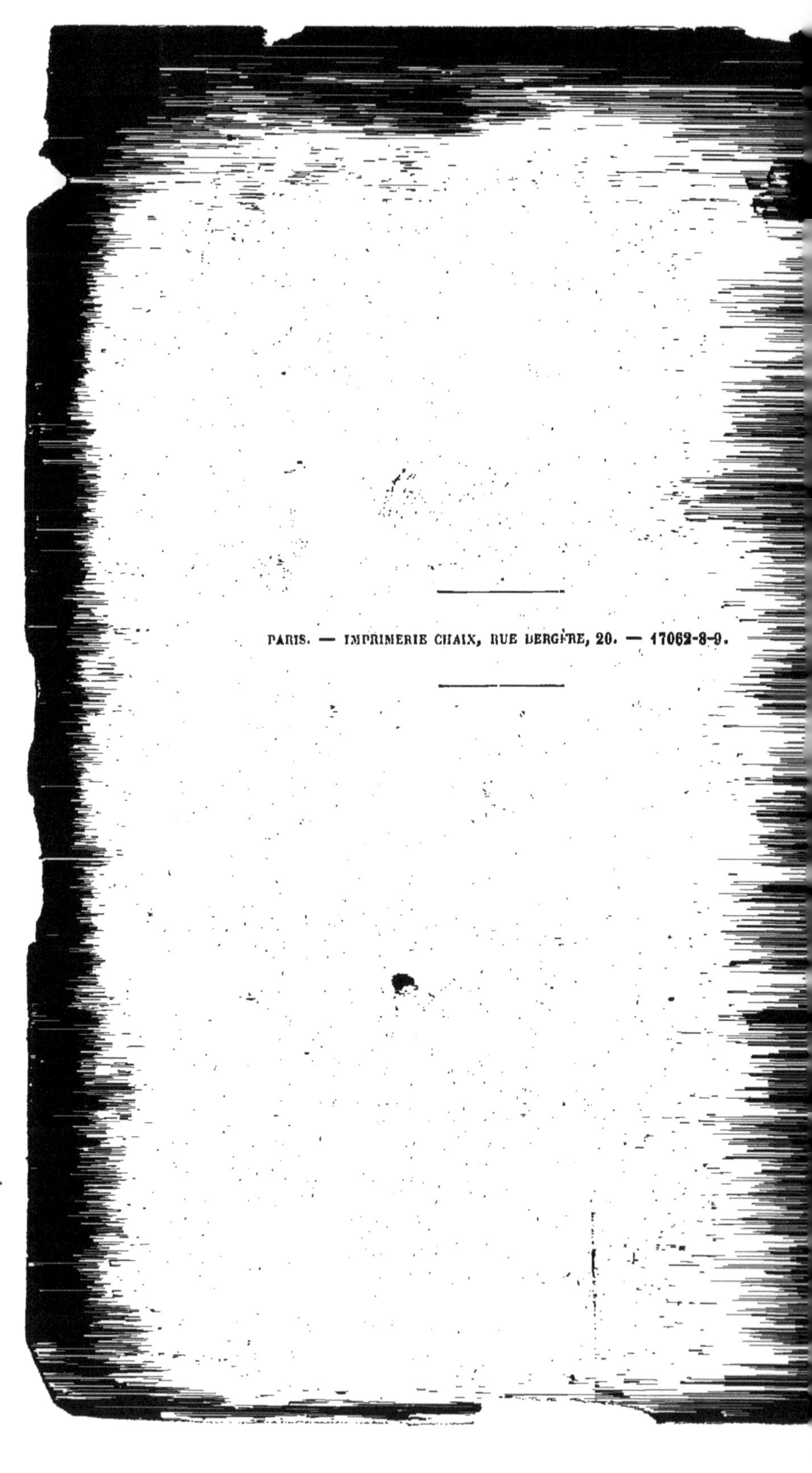
PARIS. — IMPRIMERIE CHAIX, RUE BERGÈRE, 20. — 17062-8-9.

www.ingramcontent.com/pod-product-compliance
Ingram Content Group UK Ltd.
Pitfield, Milton Keynes, MK11 3LW, UK
UKHW020006100726
13658UKWH00002B/827